Läuferfantasien

Horst Heydenbluth

Läuferfantasien

Eine Sammlung
humorvoller Gedichte

Bibliografische Information der Deutschen Nationalbibliothek:
Die Deutsche Nationalbibliothek verzeichnet diese Publikation in der Deutschen
Nationalbibliografie; detaillierte bibliografische Daten sind im Internet über
http://dnb.dnb.de abrufbar.

© 2014 Horst Heydenbluth

Bild von Martineric, Lille (F)–Copyright Creative Commons 2.0 BY-SA
Herstellung und Verlag: BoD – Books on Demand, Norderstedt

ISBN: 978-3-7357-6284-9

Inhaltsverzeichnis

Vorvorwort

Geneigter Betrachter!

Ich sage geneigt, weil Sie jetzt über dieses Büchlein geneigt sind und Betrachter, weil Sie noch kein Leser sind.

Wenn Sie mit Laufen nichts am Hut haben, wenn Sie niemanden kennen, der mit Laufen etwas am Hut hat und wenn Sie auch niemanden kennen lernen wollen, der mit Laufen etwas am Hut hat, kurz, wenn Sie Laufen als schweißtreibende Zeitvergeudung erachten, dann machen Sie jetzt mit der linken Hand eine Klappbewegung. Der Text entschwindet Ihren Augen. Noch ist nichts passiert. Ihre anderweitig nutzbare Zeit wurde noch nicht vergeudet.

Wenn Sie jetzt weiterlesen, dann ist noch Hoffnung auf Besserung.

Versuchen Sie es!

Vorwort

Es ist bekannt, von vielen ist es erhofft, dass laufen, dass besonders das Laufen auf langen Strecken, die Hirndurchblutung anregt und so die produktive Gedankenarbeit fördert. So bleibt es denn der Mitwelt – die Vorwelt kann ihn noch nicht kennen und die Nachwelt gibt es noch nicht – nicht erspart, dass sich ein Läufer bemüßigt fühlt, seine, mit dem Trap, Trap, Trap seiner Füße synchronisierten mehr oder weniger skurrilen Gedanken zu Papier zu bringen.

Er hegt die Hoffnung, dass eine noch immer steigende Schar gesundheitsbewusster, laufbegeisterter, Asphalt-, Feld- und Waldwege trampelnder Läufer merkt, dass hier der Versuch unternommen wird, eine klaffende Marktlücke zu schließen. Das bedeutet, dass diese Schar erkennt, dass Laufen ohne Siegzwang, aber mit der Freude am Erfolg eine ernste Sache ist, die man mit Humor und guter Laune trotz zeitweiliger Muskelkater und Knieprobleme genießen kann.

Ich wünsche als Laufamateur allen mehr oder minder professionellen Mitläufern nicht nur Spaß und gute Laune beim Lesen, sondern auch bei Regen und Sonnenschein, bei Wind und bei Flaute, bei Hitze und Kälte Durchhaltevermögen und Freude beim Laufen.

Euer Lauffreund

Horst Heydenbluth

Der hoffnungslose Dichter

Er glaubt, dass ihn die Muse küsste,
Ein Mensch, und er verspürt Gelüste,
Zu fertigen nun ein Gedicht.
Doch leider, es gelingt ihm nicht.

So sieht, trotz innerem Empfinden,
Er immer wieder Reime schwinden.
Wie er sich auch den Kopf zerbricht,
Der gute Reim gelingt ihm nicht.

Er versucht es mit der Liebe,
Ihre wunderzarten Triebe,
Zerfurcht sind Stirn und das Gesicht,
Doch der Reim gelingt ihm nicht.

Er probiert's mit Waldeslust,
Sehnsucht sprengt fast seine Brust,
Weiße Nebel, Mondeslicht,
Doch der Reim gelingt ihm nicht.

Camping wäre noch ein Motto,
Eishockey und Zahlenlotto,
Ehekrach und Amtsgericht,
Doch der Reim gelingt ihm nicht.

Endlich, das Gehirn zerschunden,
Hat ein Thema er gefunden.
Weil nie die Hoffnung er gibt auf,
Fasst in Gedichte er den Lauf.

Da wird gehämmert, wird genietet,
Bis ein guter Reim geschmiedet.
Jede Erinnerung ist Keim,
Die Saat zu einem neuen Reim.

Und es entstand aus Weltanschauung
Dieses Heft, euch zur Erbauung.

Jugend

Wer den Wunsch nach Jugend pflegt,
Am besten laufend sich bewegt.
Das ist normal, denn hält man still,
Macht der Körper, was er will.
Er wird matt, setzt Flomen an,
Was man meistens sehen kann,
Wenn im Sommer dann am Strande
Der Hüftspeck dehnt die Hosenbande.

Schön ist es dann, wenn durchgestylt,
Ein schlanker Leib zum Wasser eilt,
Wenn auf einmal von den Jahren,
Die andernfalls wohl sichtbar waren,
Faktisch nichts zu merken ist.
Der Lauf, dies ist des Läufers List,
Hat durch ständige Bewegung
Gesetzt den Kreislauf in Erregung,
Ausgeschüttet Glückshormone,
Traurig wäre man doch ohne,
Abgebaut Adrenalin
Und die Aggressionen flieh'n,
Zornfalten, die uns hässlich machen,
Ersetzt durch Falten, die vom Lachen.
Stress und der alltäglich' Frust
Weichen purer Lebenslust.

Wer nicht läuft, der wird dies büßen.
Nur Lauf das Leben kann versüßen.
Man bremst nicht Alter, nicht die Stund,
Doch sind sie schöner, wenn gesund.

Überwindung

Unlust tut uns manchmal kund,
Es bremst der inn're Schweinehund.
Nicht Brehm, nicht Darwin und nicht Humboldt
Schrieben über diesen Unhold,
Der nach dem Charakter zielt
Und uns Leistungsfreude stiehlt.

Jetzt ist die Zeit, dass man der Seele
Selbstüberwindung streng befehle.
Der erste Schritt ist schnell getan,
Der Läufer zieht die Schuhe an.

Bedenkt, das Wetter ist heut schlecht,
Welche Schuhe wären recht.
Es ist nicht kalt und keine Hitze,
Was zieh' ich an, dass ich nicht schwitze.

Welche Hose soll es sein?
Welche wärmt und schützt das Bein?
Welcher Walkman kommt ins Ohr?
Welche Musik spielt er mir vor?

Ist das Laufen wirklich klug?
Wenn ich so aus dem Fenster lug
Und seh' der Sonne bleichen Schein,
Dann stellen sich schon Zweifel ein.

Käme plötzlich ein Gewitter
Und ich im Wald, das wäre bitter.
Ich mein, es war im letzten Jahr,
Als es genauso ähnlich war.

Wahrscheinlich tat der Schweinehund
Mir eine kluge Wahrheit kund.
Ich setz' das Training heute aus
Und gönn' mir eine Ruhepaus'.

Vorbereitung

Es ist so wie bei allen Dingen,
Planen muss man, soll's gelingen.
Das Laufen bricht die Regel nicht.
Auch hier hat Planung ihr Gewicht.

Zu allererst braucht man die Übung,
Denn Muskelschmerz bringt Freudestrübung.
Not tut auch der Schuhekauf.
Sind diese, doch so ist der Lauf,
Bei der Beschaffung zweite Wahl,
Wird für die Sohlen es zur Qual.

Die Hose, lang oder mal kurz,
Ersetzet heut den Lendenschurz,
Und ein Träger, fest geschnallt,
Gibt an and'rer Stelle Halt.

Damit Blasen nicht entsteh'n,
Sollte man in Socken geh'n.
So vorbereitet geht man bald
Leis' und diskret zum nächsten Wald,
Damit, das gilt beim ersten Üben,
Nicht Lacher uns die Laune trüben.

Doch eins ist sicher jetzt und heut,
Freud und Erfolg sind nicht mehr weit.

Der Laufschuh

Glaubt man der Werbung, das ist wichtig,
Ist eig'ne Lauferfahrung nichtig.
Nicht der Fuß bestimmt den Schuh,
Nein, nur der Verkaufsguru.

Verstehen muss auch jedes Kind,
Dass solche Schuhe teuer sind.
Jedes Jahr, dass man sich freue,
Gibt's Modelle viele neue.

Was letzthin große Klasse war,
Schrottwert hat's im neuen Jahr.
Und fällt der Technik mal nichts ein,
Gibt's alten Schuh, neu im Design.

Wer wird in schwarzen Schuhen laufen,
Wenn alle jetzt die roten kaufen?
Wer schützt mit Cushion seine Sehne,
Wenn barfuß läuft der Rest der Szene?

Auch wenn jedes Steinchen drückt,
Die dünne Sohle, sie beglückt.
Hightech-Schuh ist angesagt,
Was oft der Lowtech-Fuß beklagt.

Wen schert's, dass Emil Zatopek
In Gummistiefeln, oft voll Dreck,
Wo auch schon mal der Absatz schief
Seine Trainingsrunden lief?

Und dass er in so manchem Jahr
Rekorde lief im selben Paar?
Dem Läufer sollte ganz allein
Der Füße Wohlsein wichtig sein.
Ein Schuh, bei dem der Fuß bestimmt,
Die Form, die beim Gebrauch er nimmt.

Umgekehrt sollt' es nicht sein,
Dies schützt die Füße uns vor Pein.
Und manchmal ist, zu Händlers Qual,
Ein Billigschlappen erste Wahl.
Dem Läufer bleibt als Offenbarung
Letztlich nur die Selbsterfahrung.

Vor dem Frühstück

Es gibt beim Lauf die Theorie,
Laufe lieber in der Früh'.
Denn schlank wird, wer noch unbelastet
Vom Frühstück, durch die Gegend hastet.

Der Körper, karg an Glykogen,
Soll beim Fett nach Nahrung seh'n.
Das Insulin, statt Fett zu stauen,
Muss in seinen Lagern schauen,
Wo finde ich noch Kraftreserven
Für Muskelkraft und Hirn und Nerven.

Bald merkt der Läufer an der Kraft,
Dass Glykogen nicht alles schafft.
Glukose, die sehr schnell verbrennt,
Fehlt dem, der morgens nüchtern rennt.

Drum lauf nicht los mit leerem Magen,
Damit dich keine Plagen plagen.

Vor dem Lauf

Ein besonderes Erlebnis
Ist die Stimmung vor dem Lauf,
Unbeeinflusst vom Ergebnis
Nimmt man die Atmosphäre auf.

Bekannt sind einige Gesichter,
And're sind noch unbekannt.
Bei manchen schon die Haare lichter
Und manchmal wird man umgerannt.

Spannung liegt auf manchen Mienen
And're prägt Gelassenheit,
Manche saugen wie die Bienen
Energie für bess're Zeit.

Manche trippeln nah am Startband,
And're laufen sich noch warm,
Einer knotet noch sein Stirnband,
Ein anderer verspürt den Darm.

Am Mikrofon steht wer und redet,
Keiner hört das, was er sagt.
Schnell wird ein Stoßgebet gebetet,
Dann geht sie los, die wilde Jagd.

Gazellen

Gazellen, wie ein jeder weiß,
Gibt's in Afrika, wo's heiß.
Sie tragen nur ein dünnes Fell
Und sind, der Löwen wegen, schnell.

Beim Lauf grazil und elegant,
Flink und locker und entspannt.
'S ist klar, dass solche Tier' auf Erden
Beachtet und bewundert werden.

Erscheint ein solches Tier beim Lauf,
Dann merken alle Männer auf.
Doch auch neidvoll manche Frau'n
Auf solche Konkurrentin schau'n.

Aus feinem Fuß und Knöchel zart
Sprießt eine Wade schlank und hart,
Ein Bein, das Schnelligkeit verkündet,
In eine sanfte Rundung mündet,

Die von knappem Stretch umhüllt,
Optisch jeden Traum erfüllt.
Der Blick wird auf dem Weg nach oben
Die wespengleiche Taille loben,

Bevor das Auge findet Halt
Am Haken womit angeschnallt
Dem unverschämten Blick verhüllt,
Was manchen Männertraum erfüllt.

Weiter steiget noch der Blick,
Anmutig ist es, das Genick.
Von leichter Lockenpracht gekrönt,
Wird das holde Haupt verschönt.

Noch als der Läufer träumend sinnt,
Das flinke Tier Distanz gewinnt.
Als Löwe muss man schneller sein,
Sonst bleibt man hungrig und allein.

Kompressionsstrümpfe

Der Strumpf, zur Kompression gedacht,
Ist nicht für ein Gedicht gemacht.
Er soll an Beinen, oft mit Falten,
Die Venen gut zusammenhalten,
Dass in der so gestrafften Haut
Sich nicht das Blut beim Rückfluss staut.

Dass durch die vielen Gummischnüre
Die Wade nun den Druck erführe,
Dass sie, die manchmal nicht genormt,
Den Druck erfährt, der sie nun formt,
Dass sie durch bunter Farben Chic
Auf sich ziehe manchen Blick.

Denn wir wollen ehrlich sein,
Man zeigt auch gern ein flottes Bein.
Der Läufer, dies des Pudels Kern,
Glaubt solchen Werbesprüchen gern
Und schmückt, im Sinn der Industrie,
Das Unterbein von Fuß bis Knie.
Starrt auf die Stoppuhr jede Runde,
Ob er jetzt schneller 'ne Sekunde.

Ist's nicht so schnell, wie er gedacht,
Dann hat er etwas falsch gemacht.
Ist schneller er, denkt er geschwind,
Dass dies die neuen Socken sind.
Doch leider, wenn genau beseh'n,
Sind's Winde, die von hinten weh'n.

Gemütlicher Lauf

Genug vom Keuchen und vom Prusten,
Vom Schwitzen, Schmerzen und vom Husten,
Vorbei der Kampf, wer wird der Sieger,
Heut gibt es Ruh' für müde Krieger.

Die Beine soll'n sich nur bewegen
Auf Wiesen und auf Waldeswegen.
Den Ruhepuls kaum überschreitet
Die Pumpe, die gut vorbereitet.
In sanftem Trott die Füße geh'n,
Die Augen haben Zeit zum Seh'n,
Die Ohren haben Zeit zu lauschen
Dem Vogelsang und Waldesrauschen.

Weithin die Gedanken schweifen,
Nicht lenkt sie ab das Vogelpfeifen.
So ein Lauf durch die Natur,
Für Läufer ist's Erholung pur.
Nach Stunden dann, regeneriert,
Er nach neuen Kämpfen giert.

Der ruhige Lauf, ihr merkt es schon,
Für Läufer ist's Motivation.

Waldlauf

Früher noch bei Lederstrumpf
Man quälte sich durch Moor und Sumpf.
Heute auf gepflegten Wegen
Moderne Läufer sich bewegen.

Doch manchmal wird es offenbar,
Der Lauf im Wald birgt auch Gefahr.
Beim Sturm schon mancher Ast zerbrach
Und stürzt' herab mit lautem Krach.

Dem kann aus dem Wege geh'n,
Lässt sich bei Sturm im Wald nicht seh'n.
Ausgestorben sind die Drachen,
Die Urzeitläufern Sorgen machen.

Säbelzahn und Höhlenbär
Machen keinen Kummer mehr.
Doch noch immer gibt es hier
Boshaft böses wild' Getier.

Scheu ist als Raubtier zwar der Luchs,
Doch Wut verbreitet mancher Fuchs
Und hat, das muss der Läufer wissen,
Schon manchen Menschen tollgebissen.

Manch anderer geriet in Not,
Wenn die Gefahr vom Wildschwein droht.
Sieht man eines Keilers Hauer,
Man betracht' sie nicht genauer.

Hoffe drauf, dass du beim Kaufen
Nicht Schuhe kauftest nur zum Laufen.
Wichtig ist für Frau und Mann,
Dass man damit auch klettern kann.

Sieh zu, dass einen Baum du findest
Und dort in dem Geäst verschwindest.
Auch nicht wirklich recht zum Lachen
Sind kleine Schweinchen mit den Bachen.
Da auch hier die Flucht zu Fuß
Mit einem Unfall enden muss.

Bei allen diesen schlimmen Leiden
Müsste man den Wald wohl meiden.
Doch dieses wäre gar zu dumm,
Die meisten Bestien bleiben stumm.
Getier wir nur ganz selten seh'n,
Wenn wir im Walde Runden dreh'n.
Der Wald, er ist kein Höllenschlund,
Nein, nur erholsam und gesund.

Berglauf

Dem Läufer aus dem flachen Land
Am Berge jede Hoffnung schwand,
Zu kommen je an diese Zinnen,
Um einen Lauf hier zu gewinnen.

Am Start schon fängt er an zu prusten,
Die Höhenluft bringt ihn zum Husten,
Doch er schafft es unter Keuchen,
Alle Zweifel zu verscheuchen.

Hart geht er mit sich ins Gericht,
Aufgeben gibt's auch heute nicht.
Mutig geht den Berg er an,
Denkt nach, wie er ihn zwingen kann,

Wie er umgeht die harten Steine,
Wie vor Stoß er schützt die Beine.
So gekonnt, mit sich#rem Tritt,
Hält er mit den andern mit.

Spürt bei sich selbst mit neuem Mut,
Heute läuft es wirklich gut.
Voll Stolz, was er am Berge kann,
Ist vom flachen Land der Mann.

Ausdauerlauf

Will man den Marathon gewinnen,
Muss man möglichst früh beginnen,
Zu schulen Körper, Herz und Geist
Auf das, was lange Strecke heißt.

Mit der langen Nahrungsliste
Geht der Läufer nun zur Piste,
Denn ihn lehrte die Erfahrung,
Schlapp wird man balde ohne Nahrung.

Wichtig, hat man ihn gelehrt,
Schneller Start ist grundverkehrt.
Denn der gilt aus gutem Grund
Als schädlich und als ungesund.

Belasten soll man Muskeln nur
Bis zur rechten Temp'ratur.
Geistig so gut vorbereitet,
Jetzt endlich man zu Taten schreitet.

In locker losem Zuckeltrab
Spult man die Kilometer ab.
Hin und wieder eine Jause,
Der Körper, er braucht eine Pause.

Er benötigt seinen Trank.
Trockenheit, die macht ihn krank.
Langsam müssen wir ihn lehren,
Sich gegen Mattigkeit zu wehren,
Die, wenn der Körper nicht geeicht,
Auf halber Strecke ihn erreicht.
Wenn, lang bevor das Ziel im Blick,
Plötzlich kommt der Leistungsknick.

Der Körper lernt es, man wird seh'n,
Mit den Reserven umzugeh'n.
Wenn dann die Muskeln sind trainiert,
Die Gelenke gut geschmiert,
Des Körpers Mitte ist erstarkt,
Weil sonst die Wirbelsäule hakt,
Dann folgt, der Läufer ahnt es schon,
Der Triumph beim Marathon.

Regen

Regen kann in unsern Breiten
Manches Mal die Lust verleiden.
Wenn er zur Unzeit niederprasselt,
Dem Läufer seinen Lauf vermasselt.

Sehr unerfreulich ist's beim Starten,
Wenn alle auf den Startschuss warten.
Wenn der Körper, vorgewärmt,
Heimlich von Rekorden schwärmt,
Wird dann plötzlich abgekühlt,
Was der Läufer ungern fühlt.

Ein kalter Regen eh' man startet,
Dies fiese Spiel scheint abgekartet.
Bricht Wasser aus den Wolken raus
Nach dem Start, macht's kaum was aus.
Der Läufer ist ja wasserdicht
Und spürt die Regentropfen nicht.

Jedoch, da kann man sicher sein,
Lieber ist ihm Sonnenschein.

Hitze

Manchmal, dieses meist im Sommer,
Macht die große Hitze Kommer.
Wenn der Läufer, leicht geschürzt,
Literweise Iso stürzt
In den Schlund, der hechelnd fragt,
Warum Trockenheit ihn plagt.

Salzig rinnt vom Haupt der Schweiß,
Doch er kühlt nicht, es bleibt heiß.
Und im Aug' das böse Brennen
Stört dazu noch stark beim Rennen.

Vom Umfeld merkt er nicht mehr viel.
Voll Sehnsucht wartet er auf's Ziel.
Ausgepowert fragt er dann:
„Was hast du dir nur angetan?
War das all die Mühen wert?
Am Strande wärst du unbeschwert,
Hätt'st luftig und gut abgekühlt
Wohl wie Hein Bolle dich gefühlt."

Doch erst im Ziele angekommen,
Wird jeder Zweifel ihm genommen.
Ist diese Linie hinter dir,
Kommt Leistungsstolz, das glaube mir.

Durst

Meist an heißen Sommertagen,
Durstgefühle schmerzhaft plagen.
Sie entstehen kann man seh'n,
Lässt man beim Lauf das Wasser steh'n.

Schon mancher hat das sehr bereut,
Seinen Gegner hat's gefreut.
Sonst leichte Schritte werden schwer
Und der Kopf will auch nicht mehr.

Obwohl man wirklich viel geübt,
Spürt man, wie der Blick sich trübt.
„Den Leichtsinn, den kann ich mir leisten",
Ist falscher Glaube bei den meisten.

Zeit ist's dann, dass man möglichst schnell
Erreicht den nächsten Wasserquell.
Dabei ist es schon passiert,
Dass ein Läufer kollabiert.

Doch wird's der Körper auch verübeln,
Trinkt man das Wasser dann aus Kübeln.
Zu viel Flüssigkeit im Bauch
Sammelt sich und bleibt da auch.

Ergänzt wird der Verlust an Schweiße,
Dem Rat zu folgen, das ist weise.
Nicht zu wenig, nicht zu viel,
Ist der sich're Weg zum Ziel.

Atemtechnik

Wer will lange Strecken laufen,
Muss nicht unbedingt auch schnaufen.
Viel besser ist es doch für ihn,
Hält er Atemdisziplin.

Pf, pf, pf, die Lunge leert,
Luft holen geht dann umgekehrt.
Das Herz passt sich dem Rhythmus an,
Damit man länger laufen kann.

Dies gilt natürlich, merke auf,
Für den normalen Sonntagslauf.
Wenn and're dich beim Wettkampf scheuchen,
Gerätst wahrscheinlich du ins Keuchen.

Mit Schmerz spürst du, da geht sie hin,
Die schöne Atemdisziplin.
Wird auch die Atmung dir zur Qual,
Halt' Disziplin, beim nächsten Mal.

Durch die Nase

Willst du nicht beim Laufen husten,
Musst du durch die Nase pusten.
Dies schont Bronchien und die Lunge,
Feucht bleiben Kehle und die Zunge.
Viren, die dich sonst bedrängen,
Bleiben in der Nase hängen.
Du wirst nicht fauchen wie ein Drachen,
Heiser wird dir nicht der Rachen.

So weit geht sie, die Theorie.
In der Praxis klappt sie nie.
Schon nach kurzem Trap, Trap, Trap,
Fühlst du, wie die Luft wird knapp.
Sauerstoff, nasal genommen,
Ist zu spärlich angekommen.

Das Herz pumpt nur mit großer Mühe
Die sauerstoffverarmte Brühe.
Und der Schritt wird langsam lahm,
Weil kein Sauerstoff mehr kam.

Ob das Gesagte hier ist richtig,
Ist eigentlich nicht wirklich wichtig.
Was die bess're Theorie,
Weiß der Läufer vorher nie.
Drum wird es wohl das Beste sein,
Stellst du dir selbst die Atmung ein.

Der Körper

Beim Laufen, das wird oft verdrängt,
Alles am ganzen Körper hängt.
Nicht nur der Beine Muskelspiel
Führt den Läufer hin zum Ziel.

Der Kopf, mal kahl, mal dicht behaart,
Mal jugendfrisch oder bejahrt,
Sorgt durch reife Überlegung,
Dass flüssig ist die Laufbewegung.

Der Hals, mit Drehpunkt im Genick,
Sorgt dafür, dass durch Überblick
Dem Läufer nicht verborgen bleibt,
Was der Konkurrent so treibt.

Die Schulter, dran der Arm gehängt
Schafft Platz, wenn man beim Start bedrängt.
Gemeinsam bringen Herz und Lunge,
Was Darm und Magen, Zahn und Zunge
Vorbereitet zum Verbrauch,
Zu den Muskeln, aus dem Bauch.
Die Blase, die den Läufer stört,
Wird, wenn möglich, überhört.

Damit aufrecht bleibt der Gang
Gibt's einen langen Knochenstrang,
Der und dieses mit Bedacht,
Aus lauter Wirbeln ist gemacht.
Dazwischen, hindernd sie am Reiben,
Befinden sich dann Knorpelscheiben,
Die, weil von Muskeln nicht gestützt,
Bei manchen ziemlich abgenützt.
Recht schmerzhaft wird es in der Tat,
Wenn man das missachtet hat.

Moral:

Der ganze Körper ist gefragt,
Wenn man nach Rekorden jagt.

Schlank werden

Schlank zu sein ist allemal
Heut ein Schönheitsideal.

Das Idealbild – Aphrodite,
Das Spiegelbild zeigt eine Niete.
Der Samson von der Dalila
Ist auch nicht mehr was er mal war.
Statt muskulärer Schulterbreite
Beeindruckt nur die Taillenweite.

Dass Abhilf' hier erforderlich
Ist selbstverständlich, eigentlich.
Es ward ihm kund die Theorie,
Lauf ist der Feind der Kalorie.

Man läuft und kann danach noch essen.
Dies ist erprobt und nachgemessen.
Mit Kenntnis aus der Wissenschaft,
Man Muskeln, Sehnen, Linie schafft.
Leider geht's alleine nicht,
Training trägt das Hauptgewicht.

Erst durch der Kniee sanfte Beugung
Entsteht uns eine Krafterzeugung
Die die Kalorie verbrennt,
Wenn man durch die Gegend rennt.
Danach kann man sicher sein,
Der Erfolg, er stellt sich ein.

Achillessehne

Manches Mal, das Schicksal will es,
Schmerzt die Sehne des Achilles.

Seit Paris einst vor Trojas Toren
Den Pfeil ihm in den Hacken jagte,
Ist kaum ein Läufer je geboren,
Den diese Sehne niemals plagte.

Als des Körpers stärkstes Band
Erduldet sie auch allerhand.
Gezerrt, gequetscht und noch gezogen,
Von manchem Knickfuß umgebogen,
Sie Fuß und Wade treu verbindet,
Auch wenn der Mensch sie oftmals schindet.

Bei Überlast, dies nicht zum Lachen,
Kommt's zur Ruptur, ein lautes Krachen
Zeigt neben heißen Schmerzen an,
Dass man nun nicht mehr laufen kann.
Man bringt den Mensch zum Krankenhause.
Der Arzt verordnet Trainingspause.

Muskelkater

Wer hat nur den Begriff gefunden
Für Muskeln, die beim Lauf geschunden.

Wacht der Läufer nach dem Lauf,
Noch schlapp, am nächsten Morgen auf,
Fragt er sich oft: „Bleib ich jetzt liegen?
Soll ich die Gelenke biegen?
Am besten melde ich mich krank
Und das Sportzeug bleibt im Schrank."

Das hier beschrieb'ne Phänomen
Wird nach Läufen oft geseh'n.
Gestresst vom intensiven Lauf
Gibt manche Mitochondrie auf,
Erzeugt so die akute Pein,
Die verhindert, dass das Bein,
Das sonst nur die Bewegung will,
Inständig bittet: „Halte still!"

Sinnvoll ist's, dem nachzugeben,
Die zarten Muskeln können Beben,
Wie sie beim Lauf nicht auszuschließen,
Nicht wirklich voll und ganz genießen.
Doch ist erst mal der Schmerz verschwunden,
Ist auch die Unlust überwunden.

Bereit zum neuen Lauf zu starten,
Wo neue Muskelkater warten.

Wadenkrämpfe

Spür, was tickt im linken Beine,
Es bahnt sich an ein Wadenkrampf.
Bald lässt dich das Feld alleine,
Schmerzgeplagt beginnt ein Kampf.

War denn vergebens all dein Mühen?
Umsonst die viele Trainingszeit?
Doch auch wenn die Muskeln glühen,
Als Läufer ist man kampfbereit.

Er verlangsamt seine Schritte,
Pfeifend stößt er aus die Luft,
Zum Himmel schickt er eine Bitte:
„Vertreib den Wadenkrampf, du Schuft."

Und der Himmel zeigt Verständnis,
Löst den Krampf beim Gehen auf,
Nicht gescheh'n ist das Verhängnis,
Er beendet seinen Lauf.

Der Meniskus

Wie manchen Bürger quält der Fiskus,
Schmerzt manchen Läufer der Meniskus.

Wenn hochsensible Knorpelscheiben
Zwischen harten Knochen reiben.
Vor allem dann, bei einem Lauf,
Hört der Schmerz nur selten auf.

Es gibt Menisken nie allein,
Immer kommen sie zu zwei'n,
Alle brauchen ihre Nahrung,
Soll schmerzfrei bleiben diese Paarung.

Da gibt's zur Schmierung Gelatine,
Viel C und and're Vitamine
Zum Aufbau das Chondroitin,
Muschelkalk, Glukosamin,
Phosphor, Zink und noch Mangan,
Damit ist schon viel getan.
Nun braucht es nur noch einen Tupfer
Mineralien und Kupfer.

Wer vernünftig dann trainiert,
Knie und Bein regeneriert,
Der kann auch noch in alten Tagen
Schmerzfrei seine Runden wagen.

Ergänzt wird dabei noch die Pflegung
Durch eine sanfte Kniebewegung.
Schmerzvoll ist oft aufgewacht,
Wer diese Regeln nicht bedacht.

Der, dessen Knie laufen rund,
Der bleibt sein Leben lang gesund.
Das Wort Meniskus kommt von Mond,
Ein Hinweis, dass sich Ruhe lohnt.

Nach dem Lauf

Nach dem Lauf der Körper schmachtet
Nach Wasser, oftmals nicht geachtet.
Jetzt, ausgelaugt und ohne Kraft,
Das Wasser Energien schafft.
Und auch das Blut, das sonst zu dick,
Wird wieder dünner, uns zum Glück.

Jetzt, nach des Laufes großer Länge,
Umgeben von der Läufer Menge,
Kann man mit wachem Auge suchen,
Den Tisch mit Äpfeln und mit Kuchen,
Dem Körper schenkend Kalorien,
Ergänzend nun die Energien,
Die, vom finalen Sprint geschlaucht,
Der Mensch zum Wiederaufbau braucht.

So gestärkt eilt man zur Dusche,
Dass vom Leibe man sich wusche
Schmutz und Straßenstaub und Salz.
Geschrubbt von Füßen bis zum Hals,
Dem Bad der Läufer dann entsteigt,
In Bestform sich der Menschheit zeigt.

Stretching

Stretching ist Philosophie.
Manche tun es, manche nie.
Mancher, der kaum vorgewärmt,
Von der Wohltat Stretching schwärmt.

Mancher meint, man hat gesagt,
Dass Stretching nur die Sehnen plagt.
Mancher ist der Überzeugung,
Nach dem Lauf Gelenkebeugung
Schadet heftig dem Gelenk.
Dieserhalb und eingedenk,
Dass vielleicht er Schaden nehm'
Macht nach dem Lauf er sich's bequem.
Gedenket weiter nichts zu tun,
Als sich einfach auszuruh'n.

Da die Fachwelt, etwas peinlich,
Mit Kommentaren auch nicht kleinlich,
Hat der Läufer vielleicht recht.
Schmerzt's nachher, war die Wahl wohl schlecht.
Schmerzt's nicht, dann sagt man in der Tat,
Dass er gut gewählet hat.

Die Dusche

Wenn jemand, ziemlich nassgeschwitzt,
Nach dem Lauf beim Duschen spritzt,
Ist's ein Genuss, den seinesgleichen
And're Genüsse nicht erreichen.

Wenn man dann nach der Flasche greift,
Ist zartumschäumt und eingeseift,
Dann kommt man einfach nur ins Träumen,
Möcht aufhör'n nicht, sich einzuschäumen.

Doch manchmal endet jäh der Traum,
Eingeseift und voller Schaum,
Stellt das Schicksal eine Falle,
Jetzt ist das warme Wasser alle.

Eiskalt trifft es das Gebein,
Nur Scham verbietet uns zu schrei'n.
So bleibt man tapfer dann darunter,
Denn der Schaum muss schließlich runter.

Auch wenn brutal man abgekühlt,
Nachher man sich munter fühlt.
So hat, wer möchte das bestreiten,
Auch kaltes Wasser gute Seiten.

Läufergespräche

Glücklich, dass auf dieser Welt
Nicht alle reden nur vom Geld.
Wenn am Sonntag vor dem Laufen,
Läufer treffen sich zu Haufen,
Vorwärmen sich und vorbereiten,
Ist das Thema aller: „Zeiten".

Wie schnelle sind denn hier die Runden?
Hat man sich letztes Mal geschunden?
Wie ist das Pflaster, das den Fuß
Langsamer werden lassen muss?
Wie war das Wetter letztes Jahr?
Bescheiden sicherlich, fürwahr.

Von Geld man spricht zu allerletzt,
Weil man dieses Jahr und jetzt
Die Gebühren hat gesteigert.
Und Paul nicht kommt, weil er sich weigert,
Nach unendlich vielen Jahren
Auf einmal mehr hier zu bezahlen.

Wie gesagt, in dieser Welt
Nicht alle reden nur vom Geld.

Gute Laune

Gute Laune wird geschenkt,
Dem, der seine Schritte lenkt,
In frohem Rhythmus, leichtem Trab,
Hoch auf den Berg, ins Tal hinab.

Der Ärger, langsam, bleibt zurück,
Der Frohsinn, schneller, folgt zum Glück.
Wir können laufend uns entspannen,
Und die Trübsal ganz verbannen.

Weit entfernt ist noch das Morgen,
Mit seinen Lasten, seinen Sorgen,
Weit zurück der Gesterntag,
An den man nun nicht denken mag.

Es schwindet mancher Weltenschmerz,
Dem Läufer wird es leicht ums Herz.
Es entspannt sich sein Gesicht,
Das Hemd entspannt sich, das Gewicht
Ist, und dies wird deutlich klar,
Bald nicht mehr, was es mal war.

Adrenalin, das aufgestaut,
Wird schnell und wirksam abgebaut.
Serotonin schießt ein ins Blut,
Die Welt ist schön, die Welt wird gut.
Selbst kahle Äste werden Grün,
Wenn wir unsre Bahnen ziehn.

Schau trübe Welt, sieh her und staune,
Ich laufe froh, hab gute Laune.

Wanderer

Zum Wandern ist oft der bereit,
Wer als Läufer zu viel Zeit,
Bei dem jetzt die Altersfalten
Bremsen ihm sein Trittverhalten.
Oder weil er einfach sagt:
„Selbst dran Schuld, wer sich so plagt."

Manchmal ist's auch Druck im Schuh,
Der ihn zwingt zur Laufesruh.
Es kann natürlich auch so sein,
Dass er Schmerzen hat im Bein.
Doch Vermutung ist das schon
Reine Spe-ku-la-ti-on.

Es gibt zum Wandern einen Grund:
Frisch marschieren ist gesund.
In der Natur der Wanderer
Ist meistens ein ganz anderer.
Ein Mensch, der frohen Sinnes sieht,
Wovor der Läufer keuchend flieht.

Er sieht die Blumen dort im Hag,
Hört der Vögel Flügelschlag,
Er nimmt auf mit wachen Sinnen,
Natur, sie strömt hinein nach innen.

Von den Lippen kommt ein Scherz,
Frohgemut ist ihm ums Herz,
Kein Problem mit Atemnot
Und trotzdem schmeckt das Abendbrot.

Es ist nun so, der Wanderer
Ist Läufer auch, ein anderer.

Stockenten

Der Erpel, ziemlich bunt gefiedert,
Die Ente, braun und fein gegliedert,
Die schnatternd in dem Straßengraben
Sich an Wasserlinsen laben,
Diese sind, so wie mir scheint,
Mit diesen Zeilen nicht gemeint.
Obwohl die andern auch in Scharen
Am Straßenrand zu finden waren.
Doch mal in Hose, mal in Rock
Sind sie die Enten mit dem Stock.

Anders als bei Flügeltieren
Bewegen sie sich meist auf Vieren.
Und anders als die Weihnachtsenten
Leben meistens sie von Renten.
In Federn, wie das liebe Vieh,
Sieht man diese Enten nie.
Nein, mal in Hose, mal in Rock,
Sind sie die Enten mit dem Stock.

Wie gesagt, sie sind nie einsam
Und schnattern tuen sie gemeinsam
Sie laufen auch mit festem Tritt,
Nicht mit der Enten Watschelschritt.
Sie laufen einmal zum Genesen,
Denn schlank und schön sein woll'n die Wesen,
Die Enten mit dem langen Stock,
Mal in Hosen, mal in Rock.

Wir wünschen hier ein gut Gelingen
Und wollen auch ein Loblied singen
Auf die munt're Entenschar,
Die ausgelassen fröhlich war.
Auf die Enten mit dem Stock
Mal in Hose, mal in Rock.

Poetenweihnacht

Wieder mal, weil's draußen schneit,
Erkennt man, es ist Weihnachtszeit.
Dies ist die Zeit, wo der Poet
Das Hirn zermartert früh bis spät.
Weil jeder jetzt von ihm erwartet
Ein Gedicht, das so geartet,
Dass sich die Seele daran labe
Wie an der schönsten Weihnachtsgabe.

Jedoch, und dieses quält ihn sehr,
Auf Zuruf bleibt das Großhirn leer.
Ideen kommen ihm erst wieder,
Wenn vorbei die Weihnachtslieder.
Jetzt denkt er nur noch an die Enkel,
Gänsebrust und Hähnchenschenkel.
Für einen ist's das neue Handy,
Die and're findet Netzstrumpf trendy.

Die Erwartung hoch gespannt
An Opa, der schon abgebrannt.
Geschäfte muss er nun durcheilen,
Nirgends länger sich verweilen,
Ruhelos in großer Hast,
Sucht den Reim er, der hier passt.
Ja, vergessen hat er schier,
Um das Gedicht ging es ihm hier.
Gerade drauf zurück gekommen,
Wird ihm der Elan genommen,
Weil jemand von Geschenken spricht,
Ob er es will nun oder nicht.

An wen muss man denn jetzt noch denken,
Wen mit Geschenken noch bedenken?
Wo sitzt ein Onkel, eine Tante,
Gibt es Freunde und Bekannte?
Wer hat im Vorjahr uns bedacht
In jener heilgen Winternacht?
Was könnte Böses uns gescheh'n,
Wenn wir bei Gaben überseh'n,
Den, der einmal im letzten Jahr,
Zufällig zu Besuch hier war?
Und während er so sitzt und denkt,
Der Zeiger weit und weiter schwenkt.

Immer schneller geh'n die Runden,
Zum Weihnachtsfest sind's nur noch Stunden.
Schon lockt der Glocken froher Klang
Die Christenheit zum Kirchengang.
Der Poet das Heft klappt zu
Und gönnt dem Geiste seine Ruh.
Was bisher noch nicht vollbracht,
Wird im nächsten Jahr gemacht.

Läuferweihnacht

Das Herbstlaub fällt, der Wald wird lichter,
Doch Blütezeit ist's für den Dichter.
Er ahnt, nun ist sie nicht mehr weit,
Mit Lichterglanz, die Weihnachtszeit.

Die Poesie, sie sprießt im Keim,
Auf alles macht er einen Reim.
Und es ist klar, dass auch der Läufer
Laufend wird zum Weihnachtskäufer.

So findet er auch kaum die Ruhe
Zum Kauf, für's nächste Jahr, der Schuhe.
Denn alte Schuh' sind für den Fuß
Selten nur ein Hochgenuss.

Doch zurück zum Weihnachtsfeste,
Die Vorbereitung ist das beste.
Vorfreude auf den Lichterschein
Kehrt in alle Herzen ein.

Dann ist sie da, die heil'ge Nacht.
Glücklich, wer alles hat bedacht.
Von Creme und Pulver, häutepflegend,
Bis hin zum Schriftgut, weltbewegend,
Ist unterm Christbaum, ladenfrisch,
Alles auf dem Gabentisch.

Für Emil, Gustav, Paul und Theo
Liegt unterm Tannenbaum noch Deo,
Tilgt, wenn eilig sie gerannt,
Den sanften Duft von angebrannt.

Auf dem Tische weiter hinten,
Kann man eine Hose finden,
Die elegant geschnitt'ne Tight
Ersetzt die Hose, die zu weit.

Strümpfe passgenau, bequem,
Damit das Laufen angenehm.
Bei Schuhen ist zu seinem Glück
Passform wichtiger als Chic.

Nun kann der Läufer kaum erwarten,
In das neue Jahr zu starten.
Er hört schon, wie die Menge raunt,
Die über seinen Laufstil staunt,
Wenn er sportlich aufgestylt
Zum ersten Sieg des Jahres eilt.

Nachwort

Liebe Lauffreunde!

Mit eurer Ausdauer beim Lesen dieses euch gewidmeten kleinen Werks habt ihr bewiesen, dass ihr wahre Freaks des Laufens seid. Ihr hättet es sonst nicht geschafft.

Ich hoffe, dass es mir gelungen ist, euch zu überzeugen, dass Laufen ganz einfach Spaß macht, dass die Freude am Erfolg auch dann eintritt, wenn ihr im Vergleich zu den ganz Großen der Läuferszene etwas schwächelnd ausseht. Die Ankunft im Ziel ist der Sieg des Willens über den manchmal weniger leistungsstarken Körper. Dieser Sieg motiviert uns als Läufer dazu, wieder an den Start zu gehen, uns wieder mit anderen zu messen und wieder die Atmosphäre rund um den Lauf, die Kameradschaft und die Aufgeschlossenheit der Mitläufer in uns aufzunehmen.

Im Wettstreit verbunden sein, das ist das Besondere, das uns eint. Das Wissen, dass wir sogar als letzte im Feld besser sind als die Tausenden, die sich der Herausforderung nicht gestellt haben, hält uns in Schwung.

Ich wünsche euch, ich wünsche uns, dass uns die Freude am Lauf noch lange erhalten bleibt. Körper und Geist sind uns dankbar und deshalb laufen wir auch weiterhin im wahrhaft olympischen Sinne:

„Dabei sein ist alles!"

Herzliche Läufergrüße

Euer

Horst Heydenbluth

Danksagung

Ohne die intensive Mitarbeit meiner Familie, für die Korrekturlesung zu Druck und Veröffentlichung ebenfalls Neuland waren, wäre dieses kleine Werk nicht über den Zustand des Entwurfs hinausgekommen. Ich danke allen Helfern sehr herzlich.